Guerra de los Treinta Años

Historia para principiantes

Circunstancias, curso y efectos de la Guerra de los Treinta Años y el largo camino hacia la paz

Markus Neustedt

Todos los consejos de este libro han sido cuidadosamente considerados y comprobados. Sin embargo, no se puede ofrecer ninguna garantía. Por tanto, el autor o el editor no aceptan ninguna responsabilidad por daños personales, materiales o económicos.

Reservados todos los derechos, en particular el derecho a reproducir y distribuir la traducción. Ninguna parte de esta obra puede ser reproducida en forma alguna (por fotocopia, microfilm o cualquier otro método) ni almacenada, procesada, duplicada o distribuida mediante sistemas electrónicos sin el permiso escrito del editor.

CONTENIDO

Qué puedes esperar de este libro

Unas nubes oscuras ensombrecen la Europa del siglo XVII y tiñen el continente de una neblina tenebrosa. Cuando estallan, un diluvio de sangre y sudor se extiende por los países, destruyendo paisajes y arrasando ciudades enteras. Nunca ha habido una guerra más despiadada en la historia de Europa. Entre la construcción del Estado y los conflictos religiosos, se envía a los soldados a una muerte segura y se arrasan pueblos. Pero, ¿hasta qué punto conocemos bien las circunstancias en las que Europa se ve arrastrada al desastre? ¿Cómo les va a las personas directamente afectadas por las consecuencias de la guerra?

El horror comienza con una revolución que sacude la supremacía de los Habsburgo en Europa Central. Cada vez más naciones se enredan en la maraña de venganzas y obligaciones de lealtad. La recién surgida empresa militar convirtió la guerra en un lucrativo negocio para príncipes y duques. Con las batallas, se desvanecieron las inhibiciones contra la brutalidad y la manía destructiva. Cuando las tropas católicas se reúnen frente a las murallas de un bastión protestante, se avecina un devastador asesinato en masa. Y cuando Francia y España se declaran la guerra, la supervivencia de la población se ve amenazada.

Pero, ¿qué ocurre con la gente que no va a la batalla? La población sumida en la pobreza tiene que enfrentarse a un enemigo insólito: su propia nación. Testimonios de antaño hablan de los terribles crímenes cometidos contra las mujeres en los pueblos. Los campesinos pierden más de lo que poseen ante la guerra y casi se matan trabajando. La situación es especialmente peligrosa cuando se propagan las enfermedades y se vuelven a utilizar las piras funerarias.

El largo camino hacia la paz es arduo y está pavimentado de crueldad. Casi la mitad de la población europea cae víctima de la guerra. Impresiones de sus vicios, las figuras principales de la guerra y las batallas más importantes te esperan en este libro.

El oscuro camino de Europa

POBREZA, HAMBRE Y PESTE

¿Qué imagen tienes de la Europa del siglo XVII? Imagina cómo pudo estallar una guerra. Sin duda recordarás que las grandes guerras mundiales no estallaron de la noche a la mañana, sino que se basaron en diversos acontecimientos y conflictos de años anteriores. El siglo XVII no es diferente. El camino de Europa hacia una guerra apocalíptica comenzó mucho antes de la llamada

"Defenestración de Praga" en 1618, tradicionalmente entendida como el estallido de la guerra.

Diversas crisis asolan a la población europea en las décadas previas a la catástrofe y conducen al continente por un camino oscuro. Las emergencias económicas, los conflictos religiosos y estatales y las enfermedades endurecen los corazones y las mentes de todos los europeos.

Ya en la década de 1560 se registran condiciones climáticas excepcionales, que se denominan "pequeña edad de hielo". Los inviernos que se avecinan son especialmente duros y prolongados, los veranos mayoritariamente húmedos y con bajos rendimientos. Son condiciones desastrosas para una población que depende de los rendimientos de los agricultores locales, cuando no de sus propios cultivos. La calidad de los bosques, las piedras y los metales también se resiente de la ola de frío, lo que hace que los materiales utilizables sean más escasos. El geógrafo contemporáneo Rüdiger Glaser también registra una sorprendente frecuencia de tormentas sobre Europa Central en 1612 y en 1615 incluso los pozos empiezan a congelarse. La situación es especialmente difícil en el Sacro Imperio Romano Germánico, que ha servido como tierra de inmigración durante más de un siglo. Especialmente tras la Paz Religiosa de Augsburgo en 1555, el imperio se convirtió en un prometedor nuevo hogar para los protestantes en Europa. La población creció casi un 100% entre 1500 y 1618, pero a medida que aumentaba el número de ciudadanos, disminuían las posibilidades de encontrar un trabajo remunerado, en una época en que los duros inviernos y los pobres veranos provocaban un rápido aumento de los precios de los alimentos.

Junto al hambre, otro habitante mortal recorre las tierras afligidas: es la peste.

Ha vuelto y se propaga a través de piojos y pulgas que buscan refugio cálido en los frondosos abrigos de la gente que se congela. Se avecina el Juicio Final. Al menos así les parecía a los testigos de la época, que interpretaban las catástrofes naturales en su cosmovisión cristiana como heraldos del fin de los tiempos. Y la idea no es tan inexacta.

Europa es testigo de una considerable lista de guerras que preceden y preparan el camino para la Guerra de los Treinta Años. Sus motivos son diferentes, pero ella será testigo del desastre en el que todas convergen. Para comprender las causas de los horrores de los años venideros, conviene hacer un amplio repaso de los principales conflictos.

Emancipación de los Países Bajos
"Guerra de construcción del Estado" es la palabra clave acuñada por el historiador Johannes Burkhardt en relación con la Guerra de los Treinta Años. En realidad, se aplica especialmente a Holanda:

Basándose en un antiguo concepto jurídico, los Países Bajos se consideraban parte del Sacro Imperio Romano Germánico en el siglo XVI. Sin embargo, las actitudes holandesas se distanciaron cada vez más de esta afiliación. Las primeras revueltas contra el dominio de los Habsburgo estallaron en 1566. El rey de España de los Habsburgo, Felipe II, ejercía actualmente la soberanía sobre la importante nación comercial. El objetivo de los levantamientos era persuadir a las importantes provincias de Holanda y Zelanda, en particular, para que se independizaran. Luchan por la libertad de sus confesiones y por una mayor autonomía política, en oposición a la centralización católica pretendida por Felipe.

A finales del siglo XVI, las provincias septentrionales de los Países Bajos se afirmaron contra la represión española y formaron una alianza de orientación calvinista que se distinguió claramente de las demás provincias. Esto les valió el respeto de la corona inglesa y de los Borbones como aliados. Sin embargo, la crisis se convirtió en una carga cada vez mayor para el Reino de España. Cuando España intervino también en los conflictos religiosos internos de Francia, la gran potencia llegó a sus límites. En 1596, los bancos están vacíos.

El conflicto parecía llegar a su fin cuando se iniciaron las negociaciones de paz con Holanda en 1607, bajo Felipe III. El regente español declaró su aceptación de la independencia de su nación al partido calvinista. Sin embargo, esto no significó el final. Los holandeses poco podían hacer con las condiciones de paz españolas. No estaban dispuestos a garantizar ni la tolerancia de los católicos ni el cese de su comercio de ultramar. Y así continuó el conflicto. A finales de julio de 1617, Felipe III firmó el Tratado secreto de Oñate con los Habsburgo de Austria. Está dispuesto a sacrificar su sucesión al trono en Bohemia y Hungría por el derecho a gobernar en Alsacia, que abre una importante ruta de abastecimiento para sus tropas en los Países Bajos.

Con ocasión de una posible nueva amenaza de España, el conflicto entre partidarios y detractores de la vía pacífica en Holanda llegó a su punto álgido. El importante estadista Johann van Oldenbarnevelt abogaba por una política exterior prudente, mientras que Moritz von Oranienburg lideraba el movimiento antiespañol. Tras la asistencia de este último a un servicio organizado por los radicales resistentes a la paz en el verano de 1617, se inicia un conflicto abierto entre ambas partes. Johann van Oldenbarnevelt fue decapitado en La Haya en 1619. El veredicto: alta traición. Pero la guerra hispano-holandesa estaba a punto de entrar en su segundo asalto.

Bastiones del cristianismo

Cualquiera que elija a Holanda como aliado ha sido durante mucho tiempo enemigo de los Habsburgo. La competición entre Francia y España por la hegemonía europea comenzó 200 años antes. La soberanía sobre Italia y el oeste del Sacro Imperio Romano Germánico es especialmente codiciada.

En 1601, las tornas cambian a favor de los franceses. Francia firma la Paz de Lyon con Saboya. Como resultado, la superpotencia española pierde una importante ruta de suministro a través de Saboya. Además, Francia apoya cada vez más a los opositores de los Habsburgo en Europa. Pero España se sale con la suya por el momento. En 1610, el rey borbón Enrique IV es asesinado. En respuesta, estalla una guerra civil en Francia. El conflicto con España se enfría por el momento, ya que Luis XIII tiene que preocuparse de estabilizar su propio Estado. Sin embargo, aún no ha estallado la Guerra de los Treinta Años.

Los godos contra Dinamarca

Las zonas más septentrionales de Europa también se caracterizan por constantes conflictos. Desde 1600, ha habido enfrentamientos militares en la región del Báltico. La protagonista es la emergente superpotencia Suecia, que reivindica el antiguo imperio, alegando sus raíces góticas. Enfrente está el Reino de Dinamarca. El rey danés Cristián IV gobernaba Noruega y los ducados de Schleswig y Holstein, además de su patria. No renunciaría a su región báltica tan rápidamente. Al fin y al cabo, las aduanas del estrecho de Sund eran una de las principales fuentes de ingresos del reino.

Suecia se ha convertido en un digno oponente en los últimos años. Especialmente bajo la reforma de Gustavo II Adolfo para promover el catolicismo y la centralización, el ejército sueco creció en tamaño y eficacia. Sin embargo, Dinamarca no era la única espina clavada en el costado de los suecos. En 1617, conquistaron Carelia e Ingermanland contra Rusia y pronto Polonia también estuvo en guerra con ellos.

"Larga guerra turca"

El Imperio Otomano representaba una nueva amenaza para Europa Central. Bajo el sultán Solimán el Magnífico, la gran potencia de Oriente avanzó hasta las fronteras del Sacro Imperio Romano Germánico. Los países bajo el dominio de los Habsburgo en particular, como Hungría, tuvieron que prepararse para un posible conflicto.

En 1593, el sultán Murad III rompe la tregua de 25 años con el emperador e inicia la "larga guerra turca" con una gran campaña contra Hungría, Bohemia y Austria. Hasta 1606, el sultán no se vio obligado a reconocer al emperador como gobernante en pie de igualdad y a pagarle un tributo único.

DESCOMPOSICIÓN INTERNA

En el propio Sacro Imperio Romano Germánico, el conflicto entre las confesiones creció y sacudió los sólidos pilares de los Habsburgo. Los frentes que aquí se forman pintarán el cuadro destructivo de la Guerra de los Treinta Años y contribuirán a despiadados excesos de violencia. El conflicto se basa en una constitución que ambas partes intentan volver a su favor y que se resume a continuación.

El orden imperial y la búsqueda de un compromiso

Apenas se parece a lo que hoy entenderías por una constitución propiamente dicha. En el siglo XVII, el orden imperial estaba formado por convenciones tradicionales y decisiones aisladas del pasado.

La Bula de Oro: En 1356, la Bula de Oro definió el Sacro Imperio Romano Germánico como una monarquía electiva. Las elecciones las celebra el Colegio Electoral, formado por cuatro electores seculares y tres eclesiásticos. Los votos seculares en la elección imperial pertenecen al rey de Bohemia, a los electores de Sajonia, a los condes del Mercado de Brandeburgo y al conde Palatino. Por otro lado, los arzobispos de Colonia, Maguncia y Tréveris votan como representantes espirituales.

Paz territorial: Desde 1495, la Paz Territorial General prohíbe la ejecución de la justicia por mano propia a través de los feudos. Su incumplimiento conlleva la pena por quebrantamiento de la paz, es decir, la pérdida de la protección legal. Una reforma del orden imperial a mediados del siglo XVI dio a los estamentos imperiales más influencia sobre el emperador. A partir de entonces, sus voces también se escucharon cuando se trataba de autorizaciones fiscales y nuevas leyes. Además, se otorgó jurisdicción a los estamentos imperiales. En 1600, el Tribunal de la Cámara Imperial, que era prácticamente independiente del emperador, volvió a pisar tierra firme. Para garantizar el cumplimiento de las leyes imperiales, las sentencias y la paz del país, crearon círculos imperiales encargados del poder ejecutivo. Al mismo tiempo, se constituyó un tribunal independiente para el emperador, el Tribunal Imperial de Justicia, que garantizaba su función como autoridad legal. Las consecuencias de la reforma imperial se hicieron problemáticas cuando varios estamentos imperiales se convirtieron a la fe protestante, a pesar de la prohibición del Edicto de Worms de 1521, lo que creó complicaciones jurídicas a los príncipes eclesiásticos ante las leyes imperiales, pues a diferencia de los príncipes seculares, la denominación de sus territorios se basaba en la suya propia.

El conflicto resultante parecía inútil. Los intentos militares del emperador Carlos V para que los príncipes volvieran al catolicismo también fracasaron.

Cuando las revueltas protestantes también tuvieron éxito en 1151/52, se firmó finalmente el

Tratado de Passau, que prometía la paz entre las facciones religiosas. Los esfuerzos culminaron en la Paz de Augsburgo de 1555, que prohibía la violencia basada en diferencias de opinión religiosas e incluso la condenaba como quebrantamiento de la paz. Esto se aplica al menos a la protección de los luteranos. Los calvinistas siguen siendo considerados una secta y no están protegidos por la ley. Los estamentos imperiales luteranos pueden conservar su denominación, pero los príncipes eclesiásticos ya no pueden cambiarla.

La situación está llegando de nuevo a un punto crítico

Durante un tiempo, la Paz de Augsburgo contribuyó a preservar la libertad religiosa y a promover unas relaciones razonablemente pacíficas entre las confesiones. Pero ahora eran los católicos los que se sentían en desventaja y, a partir de la década de 1570, quisieron imponerse cada vez más a los protestantes. Sólo con el apoyo de varios soberanos pudo llevarse a cabo una reforma y contrarreforma católica, que reforzó los esfuerzos de los católicos por restablecer su confesión y difundirla entre los seguidores protestantes.

La situación llegó a tal extremo que la Dieta Imperial negó el derecho de voto al administrador protestante de Magdeburgo en 1582. Poco después, el arzobispo de Colonia fue depuesto por el Papa porque había roto su celibato y se había convertido a la fe protestante. El arzobispo deja su Colonia a los católicos -pero no sin resistencia- y sólo puede ser expulsado por la fuerza de las armas.

Después de que los protestantes se apoderaran de las banderas de los católicos durante una procesión católica por Donauwörth en 1607 y marcharan por las mugrientas calles, el conflicto en el imperio alcanza su cenit. El archiduque de Baviera, Maximiliano, envía a sus soldados católicos a la ciudad y se apodera de ella. Los protestantes son condenados ante la Corte Imperial. Poco después de la toma, Maximiliano comienza a recatolizar la ciudad. El archiduque de Austria Interior y pronto emperador del Sacro Imperio Romano Germánico, Fernando de Estiria, apoyó a los bávaros y, en 1608, exigió oficialmente que todos los protestantes devolvieran a los católicos las propiedades de la iglesia católica, que habían sido "enajenadas" desde 1552.

En respuesta a esta demanda, los Estados Imperiales luteranos fundaron una unión de partidarios protestantes con su propio ejército en mayo de 1608. Un año después, Maximiliano de Baviera respondió con una Liga Católica recién fundada.

Defenestración de Praga

En la tradición histórica, la "Defenestración de Praga" marca el comienzo de la Guerra de los Treinta Años. Sobre todo, el papel de Bohemia en la política europea es decisivo. La Bohemia católica formaba la mayoría en el Colegio Electoral del Sacro Imperio Romano Germánico. Su voto asegura el papel del catolicismo en la elección imperial y, por tanto, también la pretensión de los Habsburgo de proporcionar el emperador.

La mayoría de la población bohemia, incluida la mayor parte de la nobleza, no era católica desde hacía tiempo, pero creía en las enseñanzas del reformador Jan Hus. Para desilusión de Bohemia, el piadoso católico y contrarreformista Fernando de Estiria fue elegido para la corona de Wenceslao bajo el emperador Matías II en junio de 1617 y coronado en Praga. Al año siguiente recibió también la corona de Hungría.

La población protestante observaba a su nuevo rey con creciente preocupación. El temor a una contrarreforma provoca disturbios en Bohemia. El emperador Matías intenta torpemente sofocar los disturbios con un tono mordaz, pero se encuentra con un ambiente cada vez más caldeado.

El 23 de mayo de 1618, los nobles protestantes del castillo Hradcany de Praga intentan pedir a los gobernadores católicos que justifiquen la reacción del emperador Matías. Poco después, la discusión derivó en un violento enfrentamiento. Enfurecidos, los nobles obligan a dos gobernadores y a su secretario a entrar en el Ala Ludvik. Los católicos son arrojados por las ventanas al abismo de 17 metros de profundidad, y sobreviven.

Pero ahora el ambiente es de revolución. Los rebeldes se constituyen en nuevo parlamento y eligen un nuevo gobierno para Bohemia. Un día después, forman su propio ejército y el rey Fernando II se ve obligado a abdicar. Las consecuencias no se hacen esperar e inician la primera gran batalla de la Guerra de los Treinta Años.

> **Consejo:**
>
> Pregúntate si la Guerra de los Treinta Años fue realmente una "guerra de construcción del Estado" (Burkhardt). Visualiza los motivos de los distintos preconflictos.
>
> Compara la Defenestración de Praga con otras revoluciones que conozcas. Esto te permitirá comprender las diferentes formas y efectos de las revoluciones.

Batallas de los condenados

La guerra está en marcha. Y los primeros ejércitos se preparan para marchar hacia el campo enemigo. Batallas tras batallas se amontonan unas sobre otras en un abrir y cerrar de ojos. ¿Qué teatros marcarán el curso de la guerra? Acompaña a los comandantes más importantes en sus campañas por Europa y hazte una idea de la enorme escala de la guerra. Una línea de conflicto y devastación duraderos se extiende desde Praga, a través del mar Báltico, hasta el sur de Alemania.

REY DE INVIERNO Y JUICIO DE SANGRE

1619-1625

En Praga reina un ambiente revolucionario. Tras la Defenestración de Praga y la expulsión de Fernando de Estiria, Bohemia se enfrenta a la cuestión de un nuevo guardián de la corona de Wenceslao. Una pregunta cuya respuesta desencadenaría la primera gran batalla de la Guerra de los Treinta Años. Después de un rey católico piadoso, ahora era de gran interés para el gobierno de Bohemia poder nombrar por fin a un regente protestante que representara y apoyara la confesión de la mayoría. El nuevo rey debía simbolizar la autonomía del gobierno de Praga y encarnar su reivindicación de la confesión protestante. La noticia de la deposición de Fernando llega pronto al Palatinado Electoral. El elector protestante Federico V gobernaba aquí con su convencido canciller calvinista Cristián I de Anhalt-Bernburgo. En su búsqueda de un nuevo monarca, reconoce la oportunidad de debilitar la esfera de influencia de los Habsburgo y, por tanto, también la de los católicos. Para ganarse su favor, el canciller envía apoyo militar a Praga. El gobierno de Praga ofrece rápidamente la corona al príncipe elector Federico. Su confesión y sus buenas conexiones con la familia real inglesa convencieron especialmente al noble palatino de su competencia. Aunque su propio consejo se lo desaconsejó, Federico aceptó la elección como rey en agosto de 1619. En octubre, llega a Praga con su esposa Isabel Estuardo. Un duro revés para los Habsburgo.

Pero las cosas resultan diferentes de lo esperado. El nuevo rey se vuelve rápidamente impopular entre el pueblo. Su iconoclasia radical, en particular, hizo que su reputación disminuyera drásticamente. Incluso comenzaron a formarse revueltas cuando Federico V quiso que se desmantelaran los iconos de la catedral de San Vito y del puente de Carlos. Mientras tanto, los rebeldes bohemios intentan ampliar su ejército en preparación de una posible acción de venganza contra la Liga Católica Imperial. Silesia se une a los rebeldes de Praga ya en octubre del año anterior. Tras la muerte de Matías II, emperador del Sacro Imperio Romano Germánico, en marzo de 1619, más ducados alemanes se atreven a apoyar a Bohemia. Forman la *Confoederatio Bohemica*. El sucesor de Matías es

Fernando de Estiria, ahora Fernando II. Éste promete inmediatamente al líder de la Liga Católica, Maximiliano de Baviera, la dignidad electoral del Palatinado si son capaces de reconquistar Bohemia y expulsar al nuevo rey. Se establecen los primeros bandos enfrentados. La Confederación y la Liga no tardan en enfrentarse.

Tras varias campañas exitosas en dirección a Praga, el ejército imperial católico dirigido por el general Johann von Tilly se encuentra a las puertas de la capital. Un último intento desesperado de detener el avance de las fuerzas culmina en la Batalla de la Montaña Blanca, que se espera dé a las tropas bohemias una ventaja estratégica. Pero ni siquiera la colina pudo con la fuerza de la Liga. El 8 de noviembre de 1620 tuvo lugar una breve batalla. La Confederación de Bohemia sufre su última y más dura derrota hasta la fecha. La sublevación bohemia se desmorona y Federico, que permanece en el castillo de Hradcany durante toda la batalla e intenta pedir apoyo a los embajadores ingleses, huye al exilio en los Países Bajos.

Tras la reconquista de Bohemia, Fernando II muestra poca consideración. El emperador quería dar ejemplo. Impone 27 penas de muerte, algunas de ellas arbitrarias. Diez nobles bohemios y 17 campesinos están en la lista negra. Las víctimas no suelen enterarse de su sentencia hasta unos días antes. El 21 de junio de 1621, el emperador hace levantar un tablado delante del Ayuntamiento Viejo. La decapitación y el ahorcamiento se prolongan durante cuatro horas, en las que se gastan varias cuchillas. Para aumentar la humillación, los tamborileros tocaban tan fuerte que no se oían las últimas palabras de los condenados. El sangriento acto de venganza logra su efecto. Para advertir de futuros levantamientos, el emperador también hace fijar 12 de las cabezas cortadas a la torre del puente de la Ciudad Vieja, donde están montadas en largas lanzas y serán testigos durante 10 años de los horrores del "Tribunal de Sangre de Praga" y de la primera gran batalla de la Guerra de los Treinta Años. Las tierras de Bohemia se venden principalmente a nobles católicos del Imperio.

A la patria de Federico también le fue mal. En 1622, Maximiliano I de Baviera se apodera de lo que el emperador le había prometido. La capital, Heidelberg, es incendiada, los soldados saquean la plata y el oro y la Biblioteca Palatina, uno de los más importantes depósitos de literatura medieval, es trasladada por completo al Vaticano. El catolicismo se impone en el Palatinado Electoral y todo el clero protestante es expulsado antes de 1625.

El breve reinado de Federico V en Bohemia no es un testimonio glorioso de la Unión Protestante. Sólo el degradante título de "Rey de Invierno" habla del fatal reinado de Federico, que duró poco y no hizo más que debilitar el poder de los Habsburgo.

Consejo:

Visita hoy el Ayuntamiento de la Ciudad Vieja de Praga. Allí encontrarás 27 cruces blancas incrustadas en el suelo. Puedes hacerte una idea de la cultura del recuerdo en Bohemia.

DINAMARCA Y WALLENSTEIN

1624-1628/29

Tras el aplastamiento de los levantamientos bohemios, dos líderes de las tropas mercenarias del antiguo Rey de Invierno huyen a la Baja Sajonia. Christian von Braunschweig y Ernst von Mansfeld utilizan la región para abastecer a sus soldados. Los soldados consumen suministros y gran parte de la mano de obra de los campesinos locales. Pero imponen una carga adicional a las ciudades de Baja Sajonia. Con su presencia, los comandantes protestantes pueden provocar una violenta recatolización por parte de la Liga, cuyas tropas están estacionadas no muy lejos. Para evitarlo, los estamentos de Baja Sajonia idean un plan para distraer a las tropas imperiales con la amenaza de una guerra europea. La Baja Sajonia busca el apoyo de Cristián IV de Dinamarca en particular. El rey danés tiene soberanía sobre Holstein y también es miembro del círculo de la Baja Sajonia.

El reino nórdico conquista poco antes varias ciudades del norte de Alemania. La corona danesa se entroniza pronto sobre la ciudad de Hamburgo, especialmente influyente. Fortalecido, Christian se declara ahora bajo la protección de la Baja Sajonia, pero tarda en darse cuenta de ello. Christian de Brunswick intenta por primera vez controlar los acontecimientos en la primavera de 1623, pero la Liga Católica responde a sus esfuerzos armamentísticos por reconquistar Bohemia avanzando hasta el sur de la Baja Sajonia. En la batalla de Stadtlohn, el experimentado Johann von Tilly paraliza los esfuerzos de Brunswick.

En un principio, Cristián IV se mantiene cauto. Le preocupaba que Suecia pudiera conquistar partes del Báltico y Dinamarca durante su implicación en la Baja Sajonia. El monarca también esperaba refuerzos de Francia e Inglaterra.

El punto de inflexión llegó en 1624. Jaime I, rey de Inglaterra, dejó de negociar la paz con los Habsburgo españoles y pasó a la ofensiva. Al mismo tiempo, Francia, que había sido hostil al Emperador durante algún tiempo, también estrechó sus frentes contra el Emperador bajo la política exterior del cardenal Richelieu. Hacia finales de año, los Estados Generales declaran su alianza oficial con Dinamarca. Al año siguiente, se forma un nuevo ejército de la Baja Sajonia bajo la dirección de Cristián IV. El emperador emite un mandato en un intento de impedir que la Baja Sajonia se rearme. Las tropas imperiales de Tilly marchan a la zona de guerra de Baja Sajonia para garantizar su cumplimiento.

Ha llegado el momento de otro protagonista en la Guerra de los Treinta Años. La corte real vienesa discute una oferta que difícilmente puede rechazar. En 1625, el noble duque Albrecht von Wallenstein, que también posee territorio en

Bohemia, ofrece al emperador levantar su propio ejército para apoyar a las tropas imperiales en vista de las tensiones en la frontera con la Baja Sajonia. A finales del otoño de ese año, el empresario militar pone bajo su mando a 40.000 mercenarios, con los que se une a Tilly. En los meses siguientes, las tornas cambiaron radicalmente a favor del Emperador. Los hugonotes se rebelan en Francia y el rey inglés inicia una guerra con España. Su apoyo a Dinamarca disminuye.

Cristián IV subestima la situación. Cuando las tropas imperiales se distraen con las revueltas campesinas de 1626, el monarca danés se siente dispuesto a luchar. El ejército danés es derrotado en Lutter am Barenberg y la alianza de la Baja Sajonia se desmorona. En invierno, muchos de los estados del condado se ven obligados a reafirmar su lealtad al emperador. El héroe contra los daneses, Wallenstein, que había proporcionado al Emperador un enorme ejército y lo dirigía él mismo, marchó más al norte. El general captura Schleswig, Holstein y Jutlandia, expulsando finalmente a los daneses de suelo alemán. Cristian IV ordena la retirada.

FRENTE PARTIDISTA

1626-1630s

El ejército de Wallenstein llega en el momento justo para el emperador. Sin embargo, la población despreciaba en gran medida a los soldados. En 1625, la región del Harz, en particular, se vio agobiada por la presencia de los soldados católicos y aterrorizada por ellos. Al año siguiente, los campesinos y artesanos formaron una alianza armada. Ataviados con armaduras de cazadores, los 600 a 800 hombres se autodenominaron los "Freye Harzschützen". Su conocimiento de la región les proporcionó la ventaja que tanto necesitaban para provocar disturbios entre el ejército imperial. Transformaron la región del Harz en una tierra insegura para los soldados. En julio de 1627, consiguieron asaltar el castillo de Klettenberg y Stiege. Al hacerlo, sin embargo, despertaron toda la ira vengativa de la Liga.

Poco después, los soldados imperiales capturan la fortaleza de Beckenstein y otros refugios de los Freyen Harzschützen. La importancia de los partisanos no tarda en desaparecer.

Sólo una vez, tras la destrucción de Magdeburgo en 1631, reaparecen durante un breve periodo.

Puede que su capítulo fuera breve e insignificante para el curso de la Guerra de los Treinta Años, pero su historia demuestra que, en realidad, la guerra siempre se libra sobre las cabezas de la población. No es una prueba patriótica de lealtad, sino una degradación de los intereses civiles. Los Freyen Harzschützen intentaron en vano defenderse de esta tiranía del emperador.

Consejo:
Compara el Freyen Harzschützen con otros levantamientos campesinos o civiles durante la Guerra de los Treinta Años. ¿Qué factores crees que fueron importantes para el éxito de la resistencia?

EL LEÓN DE SUECIA

1630-1634

En 1630, el emperador se enfrentó a la mayor amenaza de la Guerra de los Treinta Años. Nunca antes su soberanía se había visto tan amenazada. Suecia decide unirse al conflicto europeo, aparentemente con el pretexto de apoyar a los amenazados y subyugados protestantes de Alemania.

Los suecos pueden referirse a un antiguo legado del Imperio Gótico. Se trata de la pretensión de dominar la mayor parte del mundo. Y la expansión de los Habsburgo puso en peligro esta pretensión.

Las tropas católicas imperiales ocupan Wismar en 1627. La ciudad de la costa báltica pronto es declarada puerto de guerra del emperador. Esto fue un desastre para la gran potencia Suecia, que quería hacerse con el control de la región del Báltico. Sus planes se vieron expresamente comprometidos en 1628, cuando Rostock cayó en manos de los católicos y se construyó una flota naval imperial. El famoso héroe de guerra de los Habsburgo, Wallenstein, fue incluso nombrado "General de los mares Báltico y Oceánico".

Gustavo Adolfo, rey de Suecia, decide contrarrestar esta expansión. Conoce Alemania desde un viaje secreto en 1620 y sabe cómo hacer los preparativos adecuados.

En mayo de 1630, el rey cruza el mar Báltico con 13.000 soldados. Dos meses después, pone pie en Usedom. Las tropas imperiales de allí huyen inmediatamente a la vista de la gran potencia. Un milagro se hace realidad para los protestantes de Alemania. Tras la derrota de Dinamarca, ven al rey sueco como el salvador de su confesión. Para resaltar su gloria, Gustavo Adolfo es llamado el "León de Medianoche", cuya apariencia mítica despierta la esperanza en los corazones protestantes.

Y la campaña sueca demuestra ser un enorme éxito desde el principio. Tras formar una alianza con Pomerania el 20 de julio, el ejército sueco ocupa Anklam y Wolgast. Exactamente dos meses después, Stralsund y el ducado de Mecklemburgo, anteriormente propiedad de Wallenstein, pertenecen al reino sueco.

Gustavo Adolfo continúa hacia el sur con su ejército. En abril de 1631, conquista Landsberg an der Warthe y Frankfurt an der Oder.

Entonces la situación se vuelve urgente. Los suecos intentan llegar a Magdeburgo en una marcha rápida para salvar de la destrucción a la ciudad comercial protestante amenazada por los comandantes imperiales Tilly y Pappenheim. El rescate llega demasiado tarde. Aunque los suecos capturan las cercanas Berlín y Potsdam, no pueden impedir el horror. Magdeburgo cae en las condiciones más crueles. Aunque el bastión protestante se pierde, despierta el espíritu de resistencia de los protestantes de todo el imperio. Gustavo Adolfo es visto ahora claramente como una figura salvadora frente a la supremacía católica, que seguía siendo tan despreciada. Los panfletos cuentan las victorias de Gustavo y galvanizan a los protestantes contra la tiranía austriaca.

Mientras tanto, los suecos siguen avanzando. En julio ocuparon Havelberg y derrotaron al ejército de Tilly en Breitenfeld. La ventaja de los suecos es la rápida cadencia de fuego de sus cañones y las ingeniosas formaciones, que permiten una mayor movilidad. Wernigerode y Erfurt caen en septiembre, el Bosque de Turingia y Schweinfurt en octubre. Fráncfort del Meno y Maguncia caen en manos suecas en diciembre. Gustavo Adolfo ha alcanzado el clímax de su reinado. Una gran región de Alemania central, de norte a sur, es conquistada por su ejército en muy poco tiempo. Wismar, Rostock y Dömitz se añaden a la lista. La carrera naval del emperador se paraliza y su poder disminuye sin piedad. Su propio pueblo se vuelve contra él. Sólo una décima parte de los cerca de 150.000

soldados a las órdenes de Gustavo Adolfo son escandinavos. Junto a escoceses e italianos, sobre todo protestantes alemanes se unen a la lucha contra el emperador.

En marzo de 1632, todo Núremberg celebra la llegada de los suecos. Parecen intocables. Pero un temor atormenta a los herederos del Imperio Gótico: los escasos restos económicos dan testimonio de la campaña a gran escala.

Para financiar su ejército, Gustavo Adolfo hace recaudar en abril elevadas levas de la recién caída Augsburgo. Tal vez fuera un intento de apaciguamiento lo que impulsó al rey a asistir a un servicio religioso católico, pero las levas de sus territorios recién sometidos también llegaron demasiado tarde. Cegado por la victoria, lleva al límite su capacidad financiera. Las graves carencias se hacen patentes cuando carece de medios para tomar Ingolstadt en abril. Derrotado, el rey retira su ejército. Pero no es suficiente.

En Suabia y Baviera, los campesinos empiezan a resistirse a los molestos soldados y mercenarios. Los suevos se ven obligados a atrincherarse en Núremberg cuando se extiende la noticia de que Wallenstein ha anunciado su intención de apoyar a los rebeldes. Gustavo Adolfo consigue defender la ciudad contra las fuerzas mercenarias de Wallenstein hasta finales de agosto, pero el hambre y las enfermedades asolan a los suecos. Ya no hay suministros de los que tomar alimentos o medicinas, así que Gustav emprende la batalla decisiva contra las fuerzas imperiales.

El 16 de noviembre de 1632, los dos ejércitos se enfrentan en Lützen. En realidad parece que Suecia gana la batalla, pero hacia el mediodía el campo de batalla queda cubierto por una espesa niebla.

Inconscientemente, Gustavo Adolfo cabalga en medio de los soldados enemigos que la niebla le ha ocultado. Tras varios disparos, el amado rey cae del caballo y muere por las heridas de bala.

Los suecos ganan la batalla, pero con la caída del león cae también la sed de acción. Su cuerpo es llevado a la iglesia de Wittenberg. Un lugar simbólico. Lutero fijó sus tesis en sus puertas. El rey, que murió luchando por los protestantes, pasa una noche en la cuna de la Reforma. ¿Y Wallenstein? Es el momento perfecto para atacar y tal vez incluso expulsar a los suecos de suelo alemán, pero el experimentado comandante no reacciona.

Durante todo el año 1633, deja en suspenso todos los esfuerzos militares contra los suecos. Cuando en 1634 renuncia a liberar Ratisbona, sometida por los suecos, cunde el escepticismo en la corte vienesa. Fue el principio de una tragedia.

Se habla de intrigas con el emperador Fernando II. El propio Wallenstein estaba interesado en la corona imperial. Incluso se alió con los suecos. ¿Quizá la verdad? ¿O voces malintencionadas? Fernando II entra en acción. Ordena el asesinato de Wallenstein. El 24 de febrero de 1634, el general recibe su recompensa por su leal servicio desde 1625, cuando es apuñalado hasta la muerte por el irlandés Walter Deveroux.

En el verano de 1634, la Liga Católica expulsa a Suecia del sur de Alemania tras la batalla de Nördlingen.

BODAS DE SANGRE EN MAGDE-BURGO

1631

Una ciudad en llamas. Ningún acontecimiento de la Guerra de los Treinta Años pasa a la historia como la destrucción de Magdeburgo. El ataque casi personifica la guerra y se considera el testimonio más oscuro de su violenta locura. Para los contemporáneos, es particularmente terrible. Se extienden los traumas y los temores. Magdeburgo se convierte en un espectro, un símbolo de la decadencia omnipresente y de la incertidumbre de los ataques violentos. Incluso la palabra "magdeburgización" se convierte en un lugar común y describe la destrucción total.

Es el 20 de mayo de 1631. 22.000 soldados imperiales de Tilly se reúnen frente a las murallas de la ciudad. Se les unen unos 6.000 mercenarios bajo el mando de su lugarteniente Pappenheim. La ciudad que tienen delante es una de las más grandes y ricas de la época. Su situación estratégica y sus fértiles campos de maíz la convirtieron en un objeto codiciado. El problema: muy pronto, el pueblo de Magdeburgo se decidió a favor de las enseñanzas de Martín Lutero. Los católicos eran claramente minoritarios. No obstante, la ciudad se esforzó por mantener su neutralidad durante la guerra. Ahora este empeño parece desmoronarse. A pesar del peligro inminente de Johann von Tilly, los habitantes de Magdeburgo deciden no aceptar la oferta de rendición. Esperan el apoyo del ejército sueco.

Hacia las 7 de la mañana, ha llegado el momento: Johann von Tilly quiere tomar la ciudad por la fuerza. Un intenso bombardeo golpea primero Magdeburgo. Los soldados, especialmente los Pappenheimer, invaden entonces la ciudad. Son ellos quienes rápidamente comienzan a encender hogueras, que tienen un efecto venerador en el transcurso de la "conquista". La repentina indefensión de los habitantes de Magdeburgo lleva a los soldados de Pappenheim a adoptar una postura especialmente violenta. Dejaron de ser dueños de sus sentidos y sembraron un horror inimaginable en la ciudad. Los crímenes más horribles sufridos por los habitantes de Magdeburgo en esta terrible hora de la historia europea fueron el empalamiento de bebés y la violación interminable de niñas y mujeres. Se decía que la brutalidad de los soldados era tan despiadada que incluso Tilly y Pappenheim se sintieron conmocionados e incomprensibles. Su intención no era destruir la ciudad, estratégicamente favorable. Su intención era capturarla para sus propios fines. Pero los soldados les pasaron por encima y arrasaron la ciudad. Incluso se anuló el derecho de asilo en las iglesias. Sólo los pocos que se refugiaron en la catedral de Magdeburgo se salvaron de los soldados. Al final, la mayoría de los edificios desaparecieron, dando paso a las epidemias y al olor a podredumbre. De los 35.000 habitantes originales, al final quedaron unos 450.

Consejo:
Echa un vistazo (también en Internet) a las ilustraciones de la Boda de Magdeburgo. En ellas puedes ver la impresión que causó en los contemporáneos semejante campaña de exterminio.

EL ARTE DE LA GUERRA

Tras hacer retroceder a los suecos, el campo de batalla europeo se amplía. Los franceses se sienten obligados a unirse oficialmente a la Gran Guerra. La intención del cardenal Richelieu como político extranjero es reforzar el respaldo de los suecos en lo que queda de la región báltica para presentarse como un aliado atractivo, aunque no necesario.

Esto es de gran importancia para Francia porque el reino lleva tiempo abocado a la guerra con la temida España. Las dos superpotencias llevan haciendo preparativos para un conflicto militar desde 1632. El Camino Español ocupó un lugar central. Una ruta de suministros que iba de Italia a los Países Bajos. Para Francia, la conquista de la ruta de suministros por España supondría una amenaza y también la conquista de la soberanía francesa. Por esta razón, ambas partes se apostaron cada vez más a lo largo del Rin. Esto no hizo sino avivar un posible estallido del conflicto.

Suecia y Holanda estaban del lado de los franceses desde 1634. Estaban preocupados por el creciente poder de los Habsburgo y por ello se aliaron con los Borbones. España, por su parte, forzó una alianza con el Emperador dejando de pagar sus impuestos a Viena. La pérdida de la fuente fundamental de dinero de los Habsburgo supuso un riesgo de pérdida de poder para el emperador y un freno a su reconquista del imperio. En octubre, el gobierno vienés acepta la reclamación de los Habsburgo españoles de apoyo militar de las tropas católicas imperiales.

La escalada se produce cuando España ocupa Tréveris en marzo de 1635 sin ninguna base previsible y hace prisionero al Elector. Esto obligó a Francia a actuar. El reino, que en realidad seguía buscando alianzas, tuvo que dejar de reclutar y tomar una decisión. El 19 de mayo de 1635, Luis XIII declaró que la captura del Elector constituía una violación del derecho internacional, justificando así la declaración oficial de guerra a España. El conflicto que estalló entre Francia y España añadió territorios de gran alcance en Europa a los efectos de la Guerra de los Treinta Años y amplió el foco de atención del Sacro Imperio Romano Germánico a toda Europa. La enemistad entre Francia y España duró 25 años, es decir, más allá de la Guerra de los Treinta Años. La situación es tan agotadora que las naciones comienzan lentamente a sustituir las interminables matanzas, el hambre y las enfermedades por un deseo de paz. Pero el camino hacia una tregua es difícil y lleva mucho tiempo.

Testimonios de horror

Desde la perspectiva actual, probablemente sea imposible captar toda la aterradora atmósfera del campo de batalla durante la Guerra de los Treinta Años. Lo que nos queda son testimonios individuales y dispersos de aquella época, en la que las realidades cotidianas de la gente se caracterizaban por el miedo y el sufrimiento. ¿Qué preocupaciones asolaban a la población de a pie y con qué vicios luchaban los soldados? ¿Qué papel desempeñaron las mujeres en la guerra? ¿Qué sabes de los numerosos y despiadados juicios de brujas que

volvieron a estallar en medio de toda la destrucción?

LA VIDA DE LOS MERCENARIOS - PETER HAGENDORF

Si las palabras "ejército" y "soldados" te hacen pensar en hombres fuertes que van sin miedo de batalla en batalla, los fragmentos sobre la soldadesca en la Guerra de los Treinta Años te presentarán un mundo diferente. Los soldados no eran en absoluto fuertes. Los informes dan testimonio de hombres asolados por el hambre y las epidemias, con sus harapos delgados y andrajosos cubriendo sus huesos demacrados. La vida en el ejército no sólo es dura, sino también corta. Un estudio sueco ha demostrado que el mercenario medio sobrevive a tres años y cuatro meses de guerra. Después de más de treinta años, es un dato aleccionador. Pero, ¿cómo imaginar a los desafortunados que están condenados a un destino difícil?

Con el auge de la "empresa militar", crece la importancia de los mercenarios. Venían de todo el mundo, incluidas Escocia, Irlanda e Italia, para unirse al esfuerzo bélico a cambio de un salario seguro. A menudo visten ropas vistosas realzadas con plumas o adornadas con condecoraciones. Esto les distancia de la sociedad civil, a la que no suelen sentir que pertenecen. Si no llevan su propio equipo, tienen que pagar mucho dinero para comprarlo ellos mismos. El cargador de avancarga es un arma especialmente popular. Se ha conservado el diario de un mercenario que luchó para el ejército católico en el Sacro Imperio Romano Germánico. Sus notas resumen su vida y nos dan una idea de la carrera del soldado de infantería.

Peter Hagendorf es el nombre asociado al diario que ha llegado hasta nuestros días. En 1627, se alista en el ejército católico por 4 táleros al mes. Inmediatamente escribe sobre lo que le conmueve. En 1631, es testigo de la destrucción de Magdeburgo. Su contribución fue pequeña, y resultó gravemente herido por dos disparos nada más comenzar la conquista. Pedro se considera afortunado, pues no sólo sobrevive a sus heridas, sino que su capacidad para leer y escribir le hace ganar un empleo como encargado de listas en un hospital militar. Esto le evita por el momento las batallas venideras. Sin embargo, la Guerra de los

Treinta Años le pasa una dura y triste factura. El mercenario, que recorrió unos 22.500 kilómetros durante su servicio y fue testigo de diversas atrocidades, perdió a siete de sus nueve hijos en los últimos años de asesinatos y matanzas.

CON EL TREN

La idea de que sólo los hombres participan en las batallas y saquean la tierra que dejan atrás está anticuada. Siempre hay un variopinto grupo de civiles cuando se desenvaina la espada. Esto incluye a un gran número de mujeres. La llamada "Tross" es extremadamente versátil y se encarga de los suministros de los soldados. Siempre viaja con el ejército y puede llegar a ser de 3 a 4 veces su tamaño. En la tropa se reúnen diversos grupos profesionales. Logistas, médicos y artesanos, pero también sastres y cerveceros son responsables de las necesidades de las tropas. En la Edad Media, los sastres se ocupaban de los efectos personales de los soldados. Los herreros de campaña se esforzaban por mantener la calidad de las armas, mientras que los cerveceros producían comidas útiles. Los barberos se ocupaban de las necesidades higiénicas y los predicadores satisfacían la necesidad de presencia espiritual. Los adivinos y los esoteristas se mezclan con el pueblo, al igual que los refugiados y las prostitutas. Por supuesto, la cabalgata también está en constante compañía de numerosos animales de granja que viajan con ella.

Las llamadas "esposas de soldados" son especialmente interesantes. Estas mujeres no esperaban en casa a que regresaran sus maridos, sino que viajaban con ellos y sus familias. Se ocupaban de la tienda, de las tareas domésticas más necesarias y de los niños que llevaban consigo. En ocasiones, las mujeres también participaban en los saqueos y saqueaban los restos en los campos de batalla.

MUJERES EN GUERRA - ELISA-BETH GEMMEROTH Y EL DES-CUBRIMIENTO DE LA INHUMA-NIDAD

Elisabeth Gemmeroth vive en una tropa. La esposa del oficial cumple todas las obligaciones que da por sentadas como esposa de la época. Y si no fuera por las batallas y las epidemias, podría tener la impresión de que lleva una vida completamente normal. Pero el ejército marchaba y las tropas le seguían. De Rostock a Stendal, pasando por Italia, la interminable fila de gente marchaba, batalla tras batalla. Como ocurre con la mayoría de las personas despojadas por la guerra, no se sabe mucho de la vida de Elisabeth Gemmeroth. Sólo las tumbas de sus hijos, encontradas en cuatro lugares distintos, dan testimonio de su existencia; sólo un hijo sobrevive. ¿Y Elisabeth? Muere en combate. Mientras la batalla entre el Imperio y los suecos hace estragos cerca de Wittstock, la esposa del soldado intenta huir. Al no conocer el camino, queda atrapada en medio de la acción y sufre una herida mortal. Su corazón dejó de latir el 4 de octubre de 1636. Un sermón escrito con ocasión de su funeral cuenta su historia.

Pero, ¿qué ocurre con las mujeres que se quedaron en casa? Imagina que eres una mujer en la Guerra de los Treinta Años. Probablemente te preguntes qué efectos tiene la guerra sobre ti. En resumen, estás sola. Son las mujeres las que tienen que experimentar lo que probablemente sea el peor de todos los crímenes contra la humanidad. Los hermanos de los monasterios, en particular, ofrecen impresiones del horror que los soldados violentos esparcen por los pueblos y ciudades. Hablan de violaciones masivas, un número nada desdeñable de las cuales conducen a la muerte de mujeres inocentes. Las que no han sido violadas hasta el último aliento son mutiladas, ahogadas o abandonadas a su trauma. Las mujeres que tienen la suerte de librarse de los brutales ataques tienen que ver cómo todas sus posesiones desaparecen en el aire. Siempre que los soldados permanecen en una región, consumen una cantidad insostenible de suministros, que toman por la fuerza de los pueblos y ciudades vecinos si es necesario. Hay pueblos que son saqueados unas 18 veces.

¡Brujería! Te han acusado. Los soldados saqueadores, el hambre y las plagas mortales hacen de tu vida una carga, y ahora también te acusan de brujería. Por incomprensibles que te parezcan los razonamientos de tu acusador, hay pocas posibilidades de salvación.

La situación es especialmente fatal para las mujeres del Sacro Imperio Romano Germánico. Nunca antes tantas piras calcinadas habían caracterizado las siluetas de los pueblos alemanes. Aquí se ejecutó a la mayor cantidad de brujas del mundo. La creciente búsqueda de chivos expiatorios está sin duda relacionada con las malas cosechas, las pandemias y los horrores de la guerra, ya que los juicios a sangre fría que siguieron a la Reforma habían remitido en gran medida en la década de 1520. La persecución de las brujas no es un mandamiento estatal. La administración autónoma de la mayoría de las regiones permitía una justicia vigilante incontrolable. La población se orientó hacia el destacado "Hexenhammer" ("Martillo de brujas") del clérigo Heinrich Kramer. En él, difunde sus ideas sobre los síntomas de la brujería, cómo tratar a una bruja y qué curso debe seguir un juicio por brujería. La obra no les ayuda. Es muy poco probable que sepan leer, y de todos modos no saben leer latín. Así que tienen pocas opciones para protegerse de la persecución arbitraria. Si sigues las instrucciones de Kramer, puedes imaginarte un típico juicio por brujería de esta manera. En primer lugar, una persona debe ser acusada de ser una supuesta bruja o brujo. Las disputas personales suelen desempeñar un papel importante en esto. A continuación, la persona acusada acaba en prisión y tiene que esperar en fríos calabozos o celdas a que continúe el proceso. A esto le sigue un interrogatorio, normalmente en tres fases, en el que se suele recurrir a la tortura. También es posible un juicio por brujería, con el que se pretende descubrir la alianza demoníaca con el diablo. En cualquier caso, se suele obligar a las víctimas a confesar. Antes de quemar a la bruja, se le suele preguntar si sabe de otras brujas. Una oportunidad para vengarse de la gente o esperar en vano una reducción del castigo.

Durante la Guerra de los Treinta Años, alrededor de 25.000 inocentes caen víctimas de los excesos de la manía de las brujas. Bamberg y

Wurzburgo son algunos de los centros. Además de las mujeres, también mueren algunos hombres. Sus nombres suelen ser arrastrados por el viento junto con sus cenizas.

Sin embargo, la periodista científica Eva-Maria Schnurr escribe sobre un nombre. Aunque sea raro, un juicio por brujería no siempre acaba fatalmente. Se trata de Christine Meurer. Es la propietaria de la Posada del Cisne. Es acusada de brujería y hechicería por 19 ciudadanos de la pequeña ciudad de Büdingen. El verdugo utiliza varios métodos de tortura para obtener una confesión de Christine. Pero Christine se mantiene fuerte y esto la convierte en un caso especial en la historia. A pesar de que la cuelgan de una polea, que le disloca las articulaciones de los hombros, y a pesar del tornillo que le astilla los huesos, Christine se niega a ceder. No reconoce la acusación de que es una bruja. De hecho, el tribunal se da por vencido. Se permite u obliga a Christine a abandonar el país. La única condición: Christine no debe hablar nunca del juicio. Los funcionarios temen un acto de venganza por parte de la mujer, a la que siguen creyendo bruja.

¿Qué opinas de la literatura? ¿Te resulta difícil leer poesía, o te conmueven sus floridos enunciados? Los poemas y las canciones son un testimonio importante de mundos pasados. En realidad, siempre informan sobre los pensamientos que mueven a una sociedad o a un individuo.

El periodista Michael Sontheimer se ha centrado en un poeta de la Guerra de los Treinta Años. Se trata del pastor protestante Paul Gerhardt. El futuro poeta nació en marzo de 1607, por lo que sólo tenía once años cuando los gobernadores católicos fueron arrojados por la ventana del castillo de Hradčany y la guerra estalló gradualmente en Europa. Durante la mayor parte de su vida le acompañó el desastre. Su vida se caracterizó por las pérdidas desde una edad temprana. Sus padres murieron cuando él aún era joven y sus hermanos murieron poco después a causa de la peste. El soltero estudió teología durante 15 años antes de trasladarse a Berlín en 1643, donde escribió sus canciones cristianas. Escribió poesía sobre la fe y la esperanza. Sus canciones transmiten esperanza a través de su desenfado. En particular, el pastor intenta ayudar a su mujer con su depresión tras la muerte de su hijo.

Sin embargo, las canciones de Paul encontraron rápidamente más oyentes. Sus 139 canciones se han transmitido en cancioneros protestantes y católicos. La esperanza siempre ha sido la baza más importante para sobrevivir a una crisis. La esperanza es lo único que Pandora deja a la humanidad tras traerle todo tipo de miserias. Está plasmada en las canciones de Paul Gerhardt. Escribe poesía:

"Cómo te va a ti y a los demás
no se le oculta en verdad;
Él ve y conoce desde lo alto
Las penas de los corazones afligidos.
Él cuenta el curso de las lágrimas ardientes
y comprende todos nuestros anhelos".

Consejo:
Literatura: Lee el "Simplicissimus aventurero". La novela contemporánea proporciona más impresiones sobre la vida y los sentimientos durante la Guerra de los Treinta Años.

Un mundo nuevo

Pasan años y años, pueblos son desarraigados y ciudades enteras desaparecen bajo la devastadora violencia de la Guerra de los Treinta Años. La plaga de brutalidad y epidemias parecía no querer abandonar nunca los países europeos. Pero por muy grande que sea la sed de guerra y la obstinación de las partes, las numerosas penurias acaban por llevar al continente al hastío bélico. Sin embargo, no debes imaginar la paz como un objetivo tangible. Varios años de tediosas negociaciones, acompañadas de nuevas batallas, se interponen en el camino de una paz definitiva.

DÓNDE EMPEZÓ TODO

La primera esperanza de poner fin al sufrimiento se enciende precisamente en suelo alemán, marcado como ningún otro por la violenta destrucción de la guerra. Presumiblemente por esta misma razón, aquí se da el primer paso hacia un alto el fuego europeo. Ninguna población está tan agotada como la alemana. El Sacro Imperio Romano Germánico no sólo es escenario de sus propios conflictos, sino también, desde los últimos acontecimientos, de conflictos entre Suecia, Francia y España.

Para marcar el comienzo de una paz universal, el emperador Fernando II y el elector de Sajonia Juan Jorge concluyen un tratado de paz en Praga. Sajonia había sido anteriormente aliada de Suecia. Tras la muerte de su rey, el electorado se distanció de los suecos. Juan Jorge quería dar una lección militar al obstinado emperador, pero el elector era reacio a un gobernante extranjero en el imperio. La muerte de Gustavo Adolfo, con quien había concertado personalmente la alianza, sirvió a Johann Georg de motivo para cancelarla. Por este motivo, el Emperador y el Elector estrecharon sus lazos, lo que condujo a la firma del tratado de paz en Praga el 30 de mayo de 1635. Lo sorprendente de la Paz de Praga son sus circunstancias innovadoras para la época, pues aunque en realidad la paz sólo se hizo entre dos personas, el importante documento se aplicaba a todo el imperio.

Se recomienda urgentemente a los estados imperiales protestantes que reconozcan la paz. Bastantes de ellos lo hacen. Por primera vez en varias décadas, los conflictos entre las partes del Imperio llegan a su fin. Se considera que se ha restablecido la paz imperial. La noticia se distribuye en todas direcciones a través de la prensa escrita y explica la legitimación de la paz a los estamentos y príncipes imperiales. Se hacen concesiones tanto en el bando católico como en el protestante. Se disuelven todas las alianzas especiales y las fuerzas armadas del imperio vuelven a reunirse tras el emperador para formar un gran ejército imperial.

Pero eso no fue suficiente. El Elector sajón Johann Georg, en particular, se esfuerza por convencer a los suecos de la Paz de Praga, ya que también se les ofrece la tregua. Sin embargo, la situación ha cambiado. Debido a su reciente compromiso con la Francia anti-Habsburgo, los suecos se abstienen de unirse a la Paz de Praga. La paz universal se derrumba así. Se desencadena una nueva era de guerra como consecuencia de las tensiones entre Francia y España, que van a superar el alcance anterior de la guerra. Alemania, en particular, sufre su despiadada utilización como teatro de guerra.

ENTRE EL ASESINATO Y EL COMEDOR

La guerra continúa durante otros cinco años antes de que surja la perspectiva de una paz europea. El recién iniciado periodo de guerra lleva sobre todo a Alemania al agotamiento. Los estamentos imperiales y los príncipes del Imperio piden expresamente al emperador que se una a las próximas negociaciones de paz. Con el nuevo ejército imperial, al emperador Fernando III se le ocurrió que aún era posible una victoria del Sacro Imperio Romano Germánico. No así los nobles bajo su corona. Persuadieron insistentemente al Emperador para que firmara la Paz Preliminar de Hamburgo en 1641, abriendo las puertas a un nuevo capítulo en Europa que era muy necesario. Sin las concesiones del Emperador para firmar la paz, la supervivencia de toda la nación alemana, que ya había perdido la mitad de su población, estaba amenazada.

En 1644, comienzan las negociaciones de paz en Osnabrück y Münster, tras la llegada de todos los representantes de las partes beligerantes. Entre ellos se encontraban el emperador Fernando III, los príncipes y estados imperiales, Suecia, Francia e incluso los Países Bajos y España.

En Osnabrück, el emperador negocia principalmente con los suecos y los evangélicos, que siguen siendo aliados, mientras que se reúne con Francia en Münster. Cuando se negocia la paz, la guerra sigue haciendo estragos. Suecia, Francia y España, en particular, intentan obtener ganancias mediante batallas simultáneas que apoyen sus demandas y posiciones en las negociaciones. Los soldados siguen muriendo en los campos de batalla y los ciudadanos siguen soportando la carga del saqueo y las plagas atraídos por la decadencia, mientras los representantes de sus naciones que están discutiendo el asunto se trasladan a lujosos aposentos y comen en sus platos con vajilla de oro. Las negociaciones son tan fastuosas que casi todas las naciones se endeudan profundamente. Como era de esperar, en la reunión no se descuida la corrupción. Ciertas exigencias sólo pueden aceptarse con una dote adecuada.

Los Estados Imperiales esperan que el emperador disuelva la alianza con España para apaciguar a Francia. De hecho, la paz ya se había establecido con Suecia en 1645, pues de lo contrario habría ocupado la importante ciudad imperial de Dresde. España concede la independencia a las provincias holandesas en enero de 1648. De especial importancia son las resoluciones según las cuales todas las confesiones del imperio serán consideradas iguales en el futuro. El estadista imperial Maximiliano von und zu Trauttmansdorff fue de gran ayuda en la redacción del tratado, demostrando una gran habilidad para reconciliar y mediar entre las naciones. Sólo con España encontró frentes endurecidos.

Sin embargo, tras varios años de negociaciones de paz, en las que no hay que subestimar la todavía exorbitante guerra, el 24 de octubre de 1648 se firmó la Paz de Westfalia, que puso fin oficialmente a la Guerra de los Treinta Años. La última batalla empapada de sangre en Bohemia sólo terminó nueve días después del acuerdo. La población europea estuvo a punto de perecer en su catástrofe más terrible hasta la fecha.

Aunque la noticia del acuerdo de paz difunde la alegría general, sigue existiendo el temor a un posible nuevo estallido de la guerra. Puede que la guerra haya terminado oficialmente, pero todos los mercenarios siguen en el país. Y mientras la población habla con entusiasmo de la paz, Francia está menos eufórica. Sin embargo, los Borbones también están preocupados por la guerra civil. Pero, ¿por qué la gente lleva 30 años luchando entre sí a pesar de estar cansada de la guerra? Al fin y al cabo, los ciudadanos alemanes eran partidarios de la paz desde el principio de la guerra. E incluso líderes militares de éxito como Wallenstein pronto se mostraron pacíficos. Un problema fundamental de las guerras del pasado es el concepto de "paz honorable". A diferencia de lo que se entiende hoy, no se trata de un alto el fuego inmediato, sino de negociar los propios intereses políticos. El factor más importante aquí solía ser una situación militarmente viable. La paz podía prevalecer, por así decirlo, si la nación era teóricamente capaz de un nuevo estallido de guerra. El hecho de que cada nación tuviera sus propias ideas sobre una posición de partida militarmente justa hizo que el acuerdo de paz se retrasara. No fue hasta 1645, por ejemplo, cuando el emperador, cuya población sufría el mayor número de muertes, fue persuadido por Dresde y Viena para que rebajara sus propias exigencias y tuviera en cuenta las necesidades de las demás naciones.

Hoy en día, los historiadores juzgan la Paz de Westfalia de forma diferente. Lo que todos consideran progresista es la idea de que no puede haber un señor supremo sobre Europa. Se acepta el sistema de Estados múltiples tal como lo conocemos hoy. Sin embargo, también se le critica por no haber conducido al tipo de paz perpetua que se buscaba. España y Francia siguieron luchando y las naciones no fueron especialmente tolerantes en los años siguientes. No obstante, encontramos la asamblea diplomática como elemento recurrente y formativo de futuras negociaciones de paz, como en el Congreso de Viena a principios del siglo XIX.

Lo que queda

La guerra de aniquilación devasta Europa durante tres décadas, dejando tras de sí nada más que débiles recuerdos de una realidad razonablemente pacífica y familiar. ¿Qué le queda a una población que ha sido testigo de la hora más oscura de su existencia? Las consecuencias de la guerra tienen un efecto devastador en las generaciones de entonces y en las venideras.

CONSECUENCIAS

Nada se establece más explícitamente en la guerra que la omnipresencia de la muerte. Incluso antes de la Guerra de los Treinta Años, la vida en la Edad Media debía disfrutarse con cautela. En otras palabras, la muerte no es nada nuevo. Aunque las heridas ya podían curarse bien en el siglo XVI, si la enfermedad tenía una causa que los médicos no podían ver inmediatamente, solían recurrir a métodos religiosos de tratamiento. Por tanto, no es de extrañar que exista una elevada tasa de mortalidad entre las personas que padecen enfermedades "invisibles". Sin embargo, en comparación con los efectos de la Guerra de los Treinta Años, esta cifra parece insignificante. De toda la población de Europa, especialmente de Europa Central, alrededor del 40% fue víctima de las consecuencias de la guerra. Incluso hay zonas en las que murió hasta el 70% de la población original.

El resultado es un trauma colectivo que dura varias generaciones en algunas zonas, como Magdeburgo. La devastación dejada atrás es particularmente evidente en Bohemia. Se calcula que aquí ardieron hasta los cimientos unos 1.000 pueblos.

También fueron destruidos unos 250 castillos y un centenar de ciudades. La población quedó marcada por los horrores que presenció. Un informe inglés de 1636 enumera, entre otras, las siguientes atrocidades cometidas por los soldados: Además de la violación y la quema de brujas, también aparecen el aplastamiento del cráneo, colgar a la gente sobre una hoguera, trabajar la cara con un cincel y un martillo y la bebida sueca. Se vierte una mezcla de purines y heces en la boca de la víctima, lo que provoca terribles quemaduras en el estómago y a menudo causa la muerte.

Las casas derruidas, los campos erradicados hasta la esterilidad y los suministros desgastados contribuyen a la crisis durante y después de la guerra. El hambre sigue siendo una de las mayores plagas. Además de la glaciación aún en curso, los campos rotos impiden el cultivo de alimentos básicos. Las fuentes informan incluso de canibalismo en zonas especialmente afectadas.

Mientras que Francia y Gran Bretaña salieron bastante bien paradas, la evolución en Alemania fue lenta. A diferencia de los estados más grandes, el Reich tarda un siglo en recuperarse. No es hasta alrededor de 1700 cuando la población vuelve a aumentar. Pero también hay lugares del Imperio que se beneficiaron de la guerra. Hamburgo y Bremen, por ejemplo, junto con Estrasburgo, Suiza y Holanda, merecen un lugar de refugio para los refugiados alemanes. Todas las rutas comerciales de Europa se dirigen cada vez más hacia Occidente, donde es posible una vida mejor.

La guerra también tuvo consecuencias para los estamentos del Sacro Imperio Romano Germánico. La nobleza, en particular, se sintió amenazada. La nobleza perdió poder y autoridad debido a la creciente pérdida de soberanía y a la dificultad de proteger sus propios estados durante la guerra. A los nobles protestantes, en particular, les resultaba cada vez más difícil mantener a sus familias. El sentido de la justicia fomentado por la Paz de Westfalia también supuso que los nobles se vieran obligados a realizar más trámites burocráticos que antes. Si los súbditos cometían una injusticia contra el señor del señorío, el asunto debía ir primero a juicio y no podía tratarse con amenazas o sanciones ciegas como antes. A los nobles también les preocupaba la nueva confianza en sí mismos de los campesinos, vinculada a su armamento en la guerra. Los nobles se ven cada vez más obligados a ponerse al servicio de los príncipes. Esto les hizo más dependientes y, al mismo tiempo, reforzó la importancia de la hacienda principesca. Fue una inversión especialmente rentable para la corte imperial vienesa. Concedió territorios -sobre todo del Este, especialmente Bohemia- a los nobles y creó así una sólida alianza económica. La corte imperial vienesa fue también una de las pocas que salió de la guerra con beneficios.

La vida en el campo es aún más deprimente. Aunque armar a los campesinos les ayuda a ser más independientes y facilita la compra de una granja por poco tiempo, la vida rural sigue siendo poco rentable e ingrata. Esto se debe principalmente a la falta de tierras utilizables. Por eso huyen a las ciudades, donde esperan encontrar unos ingresos básicos razonablemente decentes. El problema son las graves epidemias que se propagan principalmente en los callejones de las calles y que tienen más dificultades en el campo. Esto no hace fácil la decisión de huir del campo a la ciudad. A menudo se produce una superpoblación en las ciudades gracias al gran número de refugiados. Esto destruye los sistemas económicos establecidos al crear un excedente de mano de obra, por lo que el suministro de los numerosos nuevos ciudadanos no está garantizado.

EL ESPÍRITU DEL DESASTRE

La Guerra de los Treinta Años permanece anclada en la conciencia de las personas durante mucho tiempo y las perturba con terribles recuerdos o temores de nuevos estallidos de conflicto. El *memento mori* y la *vanitas* se convirtieron en los principales pilares del arte y la poesía barrocos y dan testimonio de las terroríficas impresiones de la Guerra de los Treinta Años. Friedrich Schiller también escribió sobre la catástrofe e incluso escribió una obra sobre Wallenstein. La guerra continúa su horror en el espíritu de la nación. El historiador Johannes Burkhardt la llama la "guerra de las guerras". El poeta Andreas Gryphius plasmó toda su crueldad en los sobrecogedores versos de sus "Lágrimas de la patria":

"Se ha gastado todo el sudor y la diligencia
y las acciones se han gastado.
Las torres están en llamas
la iglesia está patas arriba.

El ayuntamiento yace gris,
los ataúdes están en ruinas. Las
doncellas están profanadas
y miremos donde miremos
hay fuego, peste y muerte" ~ hacia 1636/37

Consejo:

Los poemas barrocos a menudo dan testimonio del recuerdo de la muerte. *Memento mori* significa algo así como "sé consciente de tu mortalidad". *Vanitas* debe servir como recordatorio constante de la decadencia terrenal.

Lee poemas barrocos. Seguramente encontrarás a menudo la presencia constante de un trasfondo sombrío. Son un pedazo de la cultura de la memoria

© Markus Neustedt 2022

1ª edición

Contacto: Psiana eCom UG/ Berumer Str. 44/ 26844 Jemgum

Diseño de portada: Fenna Larsson

Foto de portada: depositphotos.com

www.ingramcontent.com/pod-product-compliance
Lightning Source LLC
Chambersburg PA
CBHW060451160726
47992CB00003B/1171